This planner bel

MW01493183

SCHOOL _____

GRADE _____ ROOM _____

ADDRESS

_____

_____

_____

PHONE

_____

Classroom Resources

- ◯ _____
- ◯ _____
- ◯ _____
- ◯ _____
- ◯ _____
- ◯ _____
- ◯ _____
- ◯ _____
- ◯ _____
- ◯ _____
- ◯ _____
- ◯ _____

Important Passwords

- ◯ _____
- ◯ _____
- ◯ _____
- ◯ _____
- ◯ _____
- ◯ _____
- ◯ _____
- ◯ _____
- ◯ _____
- ◯ _____
- ◯ _____
- ◯ _____

Professional Development

TITLE	DATE	HOURS

Favorite Websites

- ○
- ○
- ○
- ○
- ○
- ○
- ○
- ○
- ○
- ○
- ○
- ○

- ○
- ○
- ○
- ○
- ○
- ○
- ○
- ○
- ○
- ○
- ○
- ○

Contacts AND Volunteers

NAME	CONTACT INFO

Welcome!

Schedule

SCHOOL BEGINS: _____

LUNCH: _____ RECESS: _____

SPECIALS: _____

_____

SCHOOL ENDS: _____

Need help?

RELIABLE STUDENTS: _____

TEACHERS: _____

PRINCIPAL: _____

VICE PRINCIPAL: _____

OTHER STAFF: _____

Special Schedules

NAME	TIME/LOCATION
_____	_____
_____	_____
_____	_____
_____	_____

Additional Notes

_____

_____

_____

_____

_____

Communication Log

DATE	TYPE	NAME	PURPOSE	NOTES
	📱@▤👫			
	📱@▤👫			
	📱@▤👫			
	📱@▤👫			
	📱@▤👫			
	📱@▤👫			
	📱@▤👫			
	📱@▤👫			
	📱@▤👫			
	📱@▤👫			
	📱@▤👫			
	📱@▤👫			
	📱@▤👫			
	📱@▤👫			
	📱@▤👫			
	📱@▤👫			
	📱@▤👫			
	📱@▤👫			
	📱@▤👫			
	📱@▤👫			
	📱@▤👫			
	📱@▤👫			
	📱@▤👫			
	📱@▤👫			
	📱@▤👫			
	📱@▤👫			
	📱@▤👫			
	📱@▤👫			
	📱@▤👫			

Communication Log

DATE	TYPE	NAME	PURPOSE	NOTES
	📱@▤👫			
	📱@▤👫			
	📱@▤👫			
	📱@▤👫			
	📱@▤👫			
	📱@▤👫			
	📱@▤👫			
	📱@▤👫			
	📱@▤👫			
	📱@▤👫			
	📱@▤👫			
	📱@▤👫			
	📱@▤👫			
	📱@▤👫			
	📱@▤👫			
	📱@▤👫			
	📱@▤👫			
	📱@▤👫			
	📱@▤👫			
	📱@▤👫			
	📱@▤👫			
	📱@▤👫			
	📱@▤👫			
	📱@▤👫			
	📱@▤👫			
	📱@▤👫			
	📱@▤👫			
	📱@▤👫			
	📱@▤👫			

Notes AND To-Do's

Notes AND To-Do's

Plan It

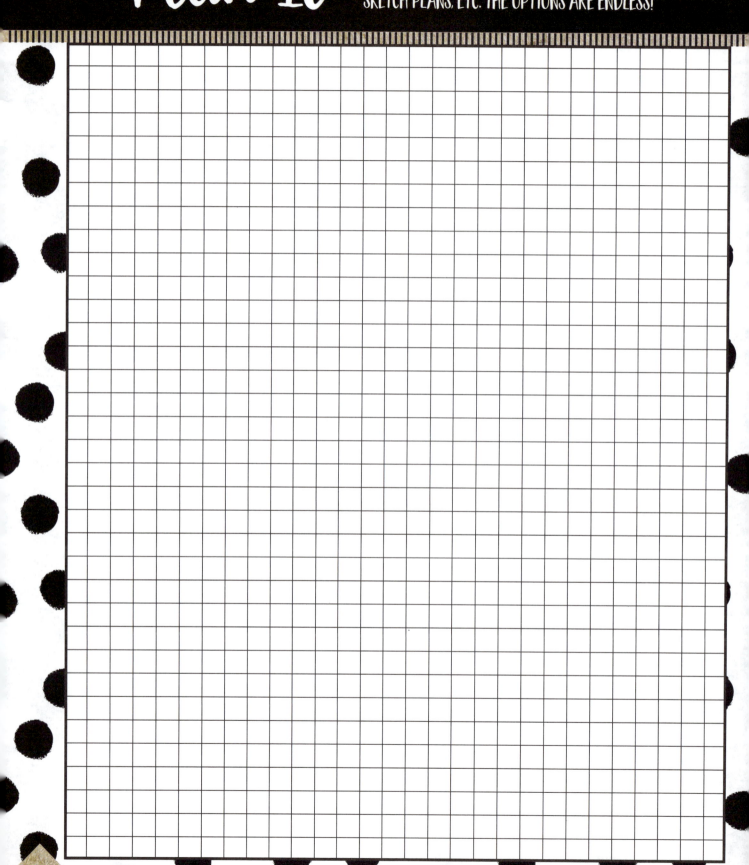

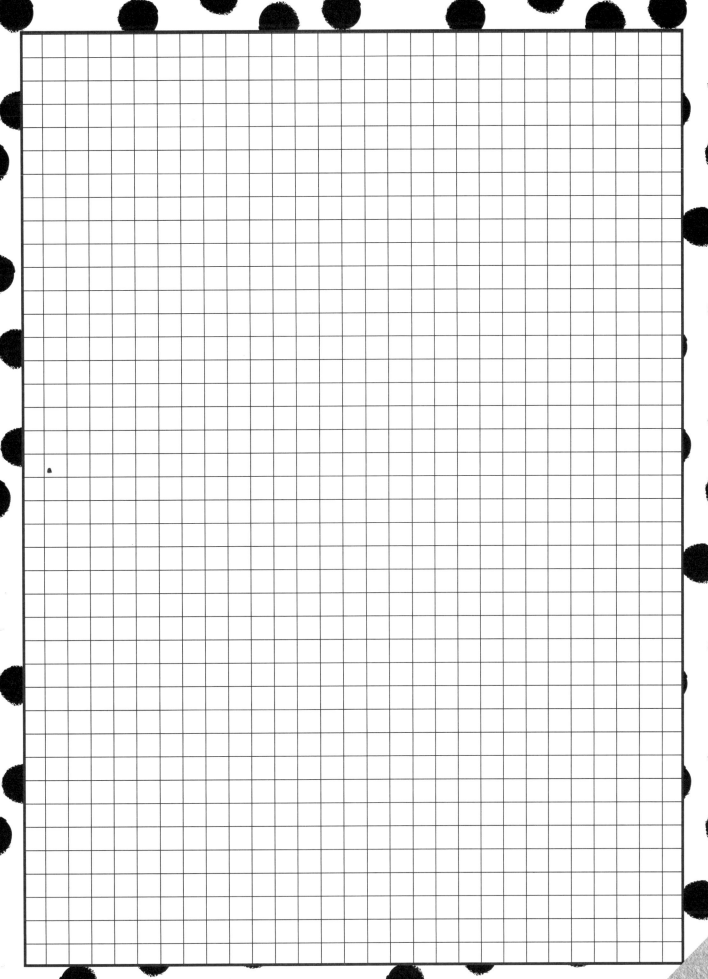

Year at a Glance

July

August

September

October

November

December

Year at a Glance

January

February

March

April

May

June

JULY

Bloom where you are planted.

SUNDAY	MONDAY	TUESDAY	WEDNESDAY
○	○	○	○
○	○	○	○
○	○	○	○
○	○	○	○
○	○	○	○

THURSDAY	FRIDAY	SATURDAY
⭕	⭕	⭕
⭕	⭕	⭕
⭕	⭕	⭕
⭕	⭕	⭕
⭕	⭕	⭕

HAVE TO DO

- ○ _____
- ○ _____
- ○ _____
- ○ _____
- ○ _____
- ○ _____
- ○ _____
- ○ _____
- ○ _____
- ○ _____
- ○ _____

NOTES

_____
_____
_____
_____
_____
_____
_____
_____
_____
_____
_____
_____
_____
_____
_____

Psst! Use these guides to keep your tabs perfectly placed.

AUGUST

Bloom where you are planted.

SUNDAY	MONDAY	TUESDAY	WEDNESDAY
◯	◯	◯	◯
◯	◯	◯	◯
◯	◯	◯	◯
◯	◯	◯	◯
◯	◯	◯	◯

THURSDAY	FRIDAY	SATURDAY	HAVE TO DO
◯	◯	◯	◯ _____ ◯ _____ ◯ _____ ◯ _____ ◯ _____
◯	◯	◯	◯ _____ ◯ _____ ◯ _____ ◯ _____ ◯ _____ ◯ _____
◯	◯	◯	NOTES
◯	◯	◯	_____ _____ _____ _____
◯	◯	◯	_____ _____ _____ _____

SEPTEMBER *Bloom where you are planted.*

SUNDAY	MONDAY	TUESDAY	WEDNESDAY
○	○	○	○
○	○	○	○
○	○	○	○
○	○	○	○
○	○	○	○

THURSDAY	FRIDAY	SATURDAY	HAVE TO DO
○	○	○	
○	○	○	
○	○	○	NOTES
○	○	○	
○	○	○	

OCTOBER

Bloom where you are planted.

SUNDAY	MONDAY	TUESDAY	WEDNESDAY
○	○	○	○
○	○	○	○
○	○	○	○
○	○	○	○
○	○	○	○

THURSDAY	FRIDAY	SATURDAY	HAVE TO DO
○	○	○	○ _____
○	○	○	○ _____
○	○	○	NOTES
○	○	○	
○	○	○	

NOVEMBER

Bloom where you are planted.

SUNDAY	MONDAY	TUESDAY	WEDNESDAY
◯	◯	◯	◯
◯	◯	◯	◯
◯	◯	◯	◯
◯	◯	◯	◯
◯	◯	◯	◯

THURSDAY	FRIDAY	SATURDAY	HAVE TO DO
○	○	○	○ _____ ○ _____ ○ _____ ○ _____ ○ _____ ○ _____ ○ _____ ○ _____
○	○	○	○ _____ ○ _____ ○ _____ ○ _____ ○ _____
○	○	○	**NOTES** _____ _____ _____ _____
○	○	○	_____ _____ _____ _____
○	○	○	_____ _____ _____ _____

DECEMBER

Bloom where you are planted.

SUNDAY	MONDAY	TUESDAY	WEDNESDAY
○	○	○	○
○	○	○	○
○	○	○	○
○	○	○	○
○	○	○	○

THURSDAY	FRIDAY	SATURDAY	HAVE TO DO
○	○	○	○ _____
			○ _____
			○ _____
			○ _____
○	○	○	○ _____
			○ _____
			○ _____
			○ _____
			○ _____
			○ _____
			○ _____
○	○	○	NOTES
○	○	○	
○	○	○	

JANUARY

Bloom where you are planted.

SUNDAY	MONDAY	TUESDAY	WEDNESDAY
○	○	○	○
○	○	○	○
○	○	○	○
○	○	○	○
○	○	○	○

THURSDAY	FRIDAY	SATURDAY	HAVE TO DO
○	○	○	○ _____
			○ _____
			○ _____
			○ _____
○	○	○	○ _____
			○ _____
			○ _____
			○ _____
			○ _____
			○ _____
			○ _____
○	○	○	NOTES
			_____
			_____
○	○	○	_____
			_____
			_____
○	○	○	_____
			_____

FEBRUARY

Bloom where you are planted.

SUNDAY	MONDAY	TUESDAY	WEDNESDAY
○	○	○	○
○	○	○	○
○	○	○	○
○	○	○	○
○	○	○	○

THURSDAY	FRIDAY	SATURDAY	HAVE TO DO
◯	◯	◯	◯ _____
			◯ _____
			◯ _____
			◯ _____
◯	◯	◯	◯ _____
			◯ _____
			◯ _____
			◯ _____
			◯ _____
			◯ _____
			◯ _____
◯	◯	◯	**NOTES**
			_____
			_____
◯	◯	◯	_____
			_____
			_____
◯	◯	◯	_____

MARCH

Bloom where you are planted.

SUNDAY	MONDAY	TUESDAY	WEDNESDAY
○	○	○	○
○	○	○	○
○	○	○	○
○	○	○	○
○	○	○	○

THURSDAY	FRIDAY	SATURDAY	HAVE TO DO
○	○	○	
○	○	○	
○	○	○	NOTES
○	○	○	
○	○	○	

31

APRIL

Bloom where you are planted.

SUNDAY	MONDAY	TUESDAY	WEDNESDAY
○	○	○	○
○	○	○	○
○	○	○	○
○	○	○	○
○	○	○	○

THURSDAY	FRIDAY	SATURDAY	HAVE TO DO
○	○	○	
○	○	○	
○	○	○	NOTES
○	○	○	
○	○	○	

MAY

Bloom where you are planted.

SUNDAY	MONDAY	TUESDAY	WEDNESDAY
○	○	○	○
○	○	○	○
○	○	○	○
○	○	○	○
○	○	○	○

THURSDAY	FRIDAY	SATURDAY	HAVE TO DO
○	○	○	
○	○	○	
○	○	○	NOTES
○	○	○	
○	○	○	

JUNE

Bloom where you are planted.

SUNDAY	MONDAY	TUESDAY	WEDNESDAY
◯	◯	◯	◯
◯	◯	◯	◯
◯	◯	◯	◯
◯	◯	◯	◯
◯	◯	◯	◯

THURSDAY	FRIDAY	SATURDAY	HAVE TO DO
○	○	○	○
○	○	○	○
○	○	○	NOTES
○	○	○	
○	○	○	

WEEK #	SUBJECT	SUBJECT	SUBJECT
MON. /			
TUE. /			
WED. /			
THUR. /			
FRI. /			

SUBJECT	SUBJECT	SUBJECT	SUBJECT

Psst! Cut this corner off each week to mark and find your place easily.

	SUBJECT	SUBJECT	SUBJECT

MON.
/

TUE.
/

WED.
/

THUR.
/

FRI.
/

SUBJECT	SUBJECT	SUBJECT	SUBJECT

WEEK
#

	SUBJECT	SUBJECT	SUBJECT

MON.
/

TUE.
/

WED.
/

THUR.
/

FRI.
/

42

SUBJECT	SUBJECT	SUBJECT	SUBJECT

	SUBJECT	SUBJECT	SUBJECT
MON. /			
TUE. /			
WED. /			
THUR. /			
FRI. /			

SUBJECT	SUBJECT	SUBJECT	SUBJECT

SUBJECT	SUBJECT	SUBJECT	SUBJECT

	SUBJECT	SUBJECT	SUBJECT
MON. /			
TUE. /			
WED. /			
THUR. /			
FRI. /			

SUBJECT	SUBJECT	SUBJECT	SUBJECT

SUBJECT	SUBJECT	SUBJECT	SUBJECT

SUBJECT	SUBJECT	SUBJECT	SUBJECT

SUBJECT	SUBJECT	SUBJECT	SUBJECT

SUBJECT	SUBJECT	SUBJECT	SUBJECT

SUBJECT	SUBJECT	SUBJECT

MON.
/

TUE.
/

WED.
/

THUR.
/

FRI.
/

SUBJECT	SUBJECT	SUBJECT	SUBJECT

WEEK #

MON. /

TUE. /

WED. /

THUR. /

FRI. /

SUBJECT	SUBJECT	SUBJECT

SUBJECT	SUBJECT	SUBJECT	SUBJECT

SUBJECT	SUBJECT	SUBJECT	SUBJECT

SUBJECT	SUBJECT	SUBJECT	SUBJECT

SUBJECT	SUBJECT	SUBJECT	SUBJECT

SUBJECT	SUBJECT	SUBJECT	SUBJECT

WEEK #	SUBJECT	SUBJECT	SUBJECT
MON. /			
TUE. /			
WED. /			
THUR. /			
FRI. /			

SUBJECT	SUBJECT	SUBJECT	SUBJECT

WEEK

	SUBJECT	SUBJECT	SUBJECT
MON. /			
TUE. /			
WED. /			
THUR. /			
FRI. /			

SUBJECT	SUBJECT	SUBJECT	SUBJECT

SUBJECT	SUBJECT	SUBJECT	SUBJECT

SUBJECT	SUBJECT	SUBJECT	SUBJECT

SUBJECT	SUBJECT	SUBJECT	SUBJECT

SUBJECT	SUBJECT	SUBJECT	SUBJECT

WEEK
#

MON.
/

TUE.
/

WED.
/

THUR.
/

FRI.
/

SUBJECT	SUBJECT	SUBJECT

SUBJECT	SUBJECT	SUBJECT	SUBJECT

WEEK #	SUBJECT	SUBJECT	SUBJECT
MON. /			
TUE. /			
WED. /			
THUR. /			
FRI. /			

SUBJECT	SUBJECT	SUBJECT	SUBJECT

WEEK #	SUBJECT	SUBJECT	SUBJECT
MON. /			
TUE. /			
WED. /			
THUR. /			
FRI. /			

SUBJECT	SUBJECT	SUBJECT	SUBJECT

WEEK

	SUBJECT	SUBJECT	SUBJECT
MON. /			
TUE. /			
WED. /			
THUR. /			
FRI. /			

SUBJECT	SUBJECT	SUBJECT	SUBJECT

	SUBJECT	SUBJECT	SUBJECT

MON.
/

TUE.
/

WED.
/

THUR.
/

FRI.
/

SUBJECT	SUBJECT	SUBJECT	SUBJECT

	SUBJECT	SUBJECT	SUBJECT
MON. /			
TUE. /			
WED. /			
THUR. /			
FRI. /			

SUBJECT	SUBJECT	SUBJECT	SUBJECT

SUBJECT	SUBJECT	SUBJECT	SUBJECT

SUBJECT	SUBJECT	SUBJECT	SUBJECT

SUBJECT	SUBJECT	SUBJECT	SUBJECT

SUBJECT	SUBJECT	SUBJECT	SUBJECT

WEEK
#

MON.
/

TUE.
/

WED.
/

THUR.
/

FRI.
/

SUBJECT	SUBJECT	SUBJECT

SUBJECT	SUBJECT	SUBJECT	SUBJECT

SUBJECT	SUBJECT	SUBJECT	SUBJECT

SUBJECT	SUBJECT	SUBJECT	SUBJECT

SUBJECT	SUBJECT	SUBJECT	SUBJECT

SUBJECT	SUBJECT	SUBJECT	SUBJECT

	SUBJECT	SUBJECT	SUBJECT

WEEK #

MON. /

TUE. /

WED. /

THUR. /

FRI. /

SUBJECT	SUBJECT	SUBJECT	SUBJECT

SUBJECT	SUBJECT	SUBJECT	SUBJECT

SUBJECT	SUBJECT	SUBJECT	SUBJECT

SUBJECT	SUBJECT	SUBJECT	SUBJECT

SUBJECT	SUBJECT	SUBJECT	SUBJECT

	SUBJECT	SUBJECT	SUBJECT

MON. /

TUE. /

WED. /

THUR. /

FRI. /

SUBJECT	SUBJECT	SUBJECT	SUBJECT

WEEK #	SUBJECT	SUBJECT	SUBJECT
MON. /			
TUE. /			
WED. /			
THUR. /			
FRI. /			

SUBJECT	SUBJECT	SUBJECT	SUBJECT

	SUBJECT	SUBJECT	SUBJECT
MON. /			
TUE. /			
WED. /			
THUR. /			
FRI. /			

SUBJECT	SUBJECT	SUBJECT	SUBJECT

SUBJECT	SUBJECT	SUBJECT	SUBJECT

SUBJECT	SUBJECT	SUBJECT	SUBJECT

SUBJECT	SUBJECT	SUBJECT	SUBJECT

SUBJECT	SUBJECT	SUBJECT	SUBJECT

	SUBJECT	SUBJECT	SUBJECT
MON. /			
TUE. /			
WED. /			
THUR. /			
FRI. /			

SUBJECT	SUBJECT	SUBJECT	SUBJECT

SUBJECT	SUBJECT	SUBJECT

MON.
/

TUE.
/

WED.
/

THUR.
/

FRI.
/

SUBJECT	SUBJECT	SUBJECT	SUBJECT

SUBJECT	SUBJECT	SUBJECT	SUBJECT

WEEK

	SUBJECT	SUBJECT	SUBJECT
MON. /			
TUE. /			
WED. /			
THUR. /			
FRI. /			

SUBJECT	SUBJECT	SUBJECT	SUBJECT

WEEK #	SUBJECT	SUBJECT	SUBJECT
MON. /			
TUE. /			
WED. /			
THUR. /			
FRI. /			

SUBJECT	SUBJECT	SUBJECT	SUBJECT

SUBJECT	SUBJECT	SUBJECT	SUBJECT

SUBJECT	SUBJECT	SUBJECT	SUBJECT

SUBJECT	SUBJECT	SUBJECT	SUBJECT

SUBJECT	SUBJECT	SUBJECT	SUBJECT

	SUBJECT	SUBJECT	SUBJECT
MON. /			
TUE. /			
WED. /			
THUR. /			
FRI. /			

SUBJECT	SUBJECT	SUBJECT	SUBJECT

WEEK #	SUBJECT	SUBJECT	SUBJECT
MON. /			
TUE. /			
WED. /			
THUR. /			
FRI. /			

SUBJECT	SUBJECT	SUBJECT	SUBJECT

WEEK
#

	SUBJECT	SUBJECT	SUBJECT
MON. /			
TUE. /			
WED. /			
THUR. /			
FRI. /			

SUBJECT	SUBJECT	SUBJECT	SUBJECT

WEEK #	SUBJECT	SUBJECT	SUBJECT
MON. /			
TUE. /			
WED. /			
THUR. /			
FRI. /			

SUBJECT	SUBJECT	SUBJECT	SUBJECT

SUBJECT	SUBJECT	SUBJECT	SUBJECT

SUBJECT	SUBJECT	SUBJECT	SUBJECT

SUBJECT	SUBJECT	SUBJECT	SUBJECT

SUBJECT	SUBJECT	SUBJECT	SUBJECT

WEEK

	SUBJECT	SUBJECT	SUBJECT
MON. /			
TUE. /			
WED. /			
THUR. /			
FRI. /			

SUBJECT	SUBJECT	SUBJECT	SUBJECT

SUBJECT	SUBJECT	SUBJECT	SUBJECT

SUBJECT	SUBJECT	SUBJECT	SUBJECT

SUBJECT	SUBJECT	SUBJECT	SUBJECT

SUBJECT	SUBJECT	SUBJECT	SUBJECT

WEEK

	SUBJECT	SUBJECT	SUBJECT
MON. /			
TUE. /			
WED. /			
THUR. /			
FRI. /			

SUBJECT	SUBJECT	SUBJECT	SUBJECT

WEEK
#

	SUBJECT	SUBJECT	SUBJECT

MON.
/

TUE.
/

WED.
/

THUR.
/

FRI.
/

SUBJECT	SUBJECT	SUBJECT	SUBJECT

	SUBJECT	SUBJECT	SUBJECT

WEEK #

MON.
/

TUE.
/

WED.
/

THUR.
/

FRI.
/

100

SUBJECT	SUBJECT	SUBJECT	SUBJECT

SUBJECT	SUBJECT	SUBJECT

MON.
/

TUE.
/

WED.
/

THUR.
/

FRI.
/

SUBJECT	SUBJECT	SUBJECT	SUBJECT

SUBJECT	SUBJECT	SUBJECT	SUBJECT

SUBJECT	SUBJECT	SUBJECT	SUBJECT

SUBJECT	SUBJECT	SUBJECT	SUBJECT

SUBJECT	SUBJECT	SUBJECT	SUBJECT

WEEK

	SUBJECT	SUBJECT	SUBJECT
MON. /			
TUE. /			
WED. /			
THUR. /			
FRI. /			

SUBJECT	SUBJECT	SUBJECT	SUBJECT

WEEK #	SUBJECT	SUBJECT	SUBJECT
MON. /			
TUE. /			
WED. /			
THUR. /			
FRI. /			

SUBJECT	SUBJECT	SUBJECT	SUBJECT

WEEK #	SUBJECT	SUBJECT	SUBJECT
MON. /			
TUE. /			
WED. /			
THUR. /			
FRI. /			

SUBJECT	SUBJECT	SUBJECT	SUBJECT

SUBJECT	SUBJECT	SUBJECT	SUBJECT

SUBJECT	SUBJECT	SUBJECT	SUBJECT

SUBJECT	SUBJECT	SUBJECT	SUBJECT

SUBJECT	SUBJECT	SUBJECT	SUBJECT

WEEK #	SUBJECT	SUBJECT	SUBJECT
MON. /			
TUE. /			
WED. /			
THUR. /			
FRI. /			

SUBJECT	SUBJECT	SUBJECT	SUBJECT

WEEK #	SUBJECT	SUBJECT	SUBJECT
MON. /			
TUE. /			
WED. /			
THUR. /			
FRI. /			

SUBJECT	SUBJECT	SUBJECT	SUBJECT

SUBJECT	SUBJECT	SUBJECT	SUBJECT

SUBJECT	SUBJECT	SUBJECT	SUBJECT

SUBJECT	SUBJECT	SUBJECT	SUBJECT

SUBJECT	SUBJECT	SUBJECT	SUBJECT

	WEEK #	SUBJECT	SUBJECT	SUBJECT
MON. /				
TUE. /				
WED. /				
THUR. /				
FRI. /				

SUBJECT	SUBJECT	SUBJECT	SUBJECT

SUBJECT	SUBJECT	SUBJECT	SUBJECT

SUBJECT	SUBJECT	SUBJECT	SUBJECT

SUBJECT	SUBJECT	SUBJECT	SUBJECT

SUBJECT	SUBJECT	SUBJECT	SUBJECT

	SUBJECT	SUBJECT	SUBJECT
MON. /			
TUE. /			
WED. /			
THUR. /			
FRI. /			

SUBJECT	SUBJECT	SUBJECT	SUBJECT

SUBJECT	SUBJECT	SUBJECT	SUBJECT

SUBJECT	SUBJECT	SUBJECT	SUBJECT

SUBJECT	SUBJECT	SUBJECT	SUBJECT

SUBJECT	SUBJECT	SUBJECT	SUBJECT

Student
CHECKLIST

name

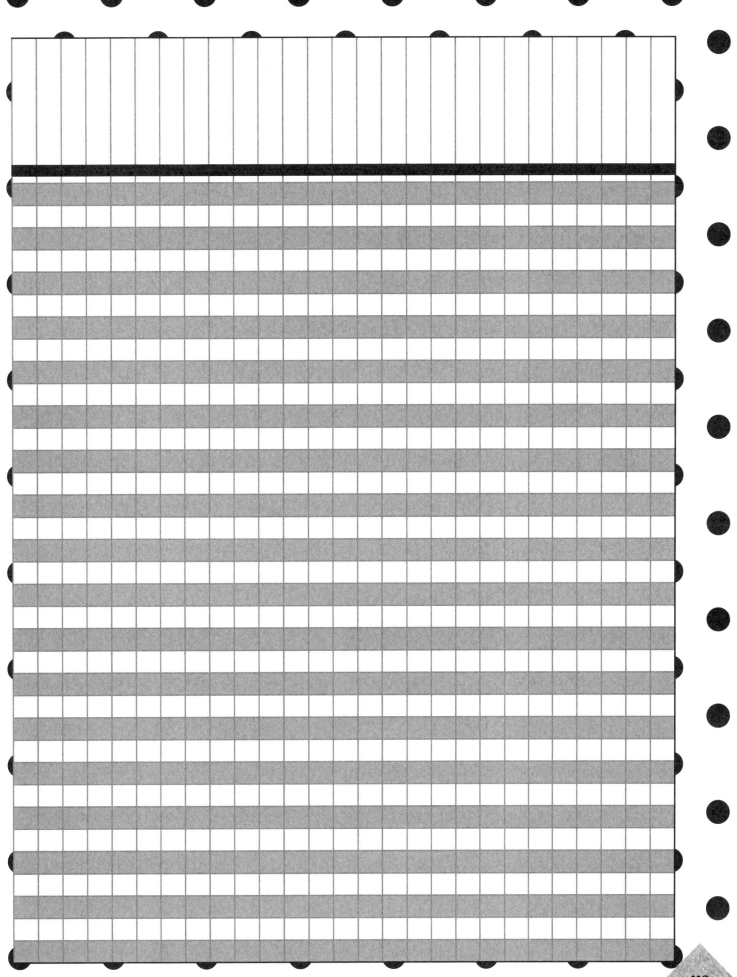

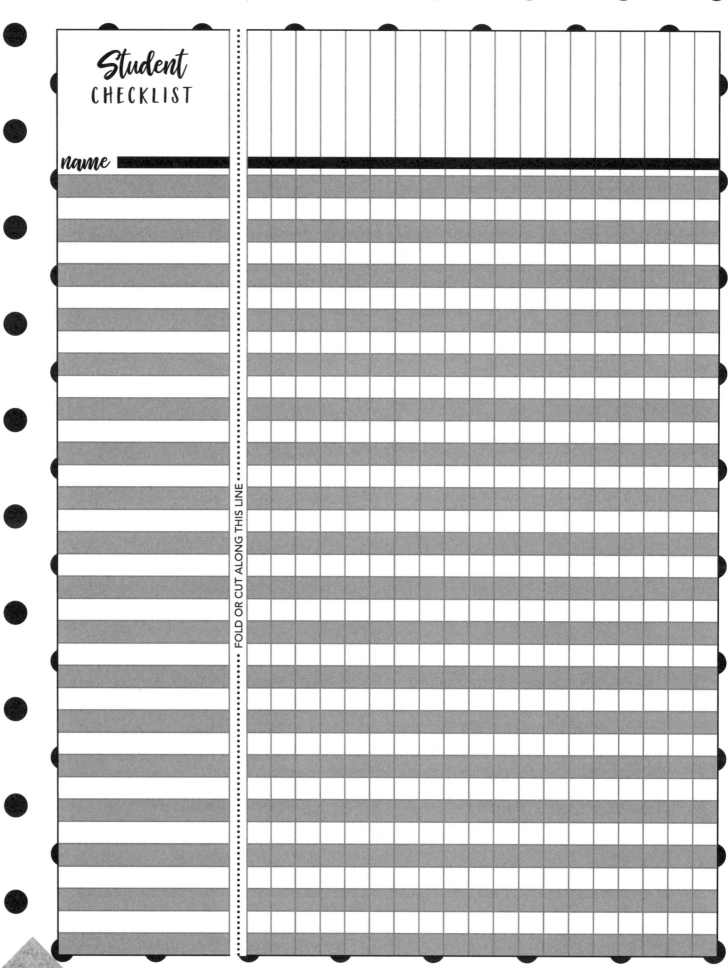

Student
CHECKLIST

name

FOLD OR CUT ALONG THIS LINE

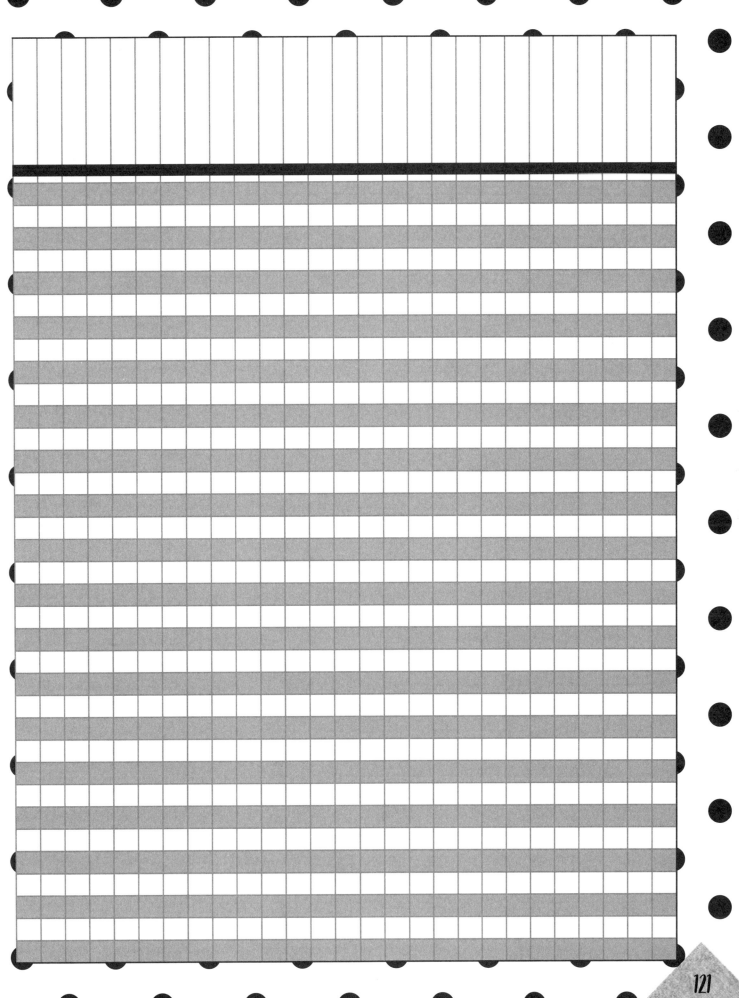

Student
CHECKLIST

name

FOLD OR CUT ALONG THIS LINE

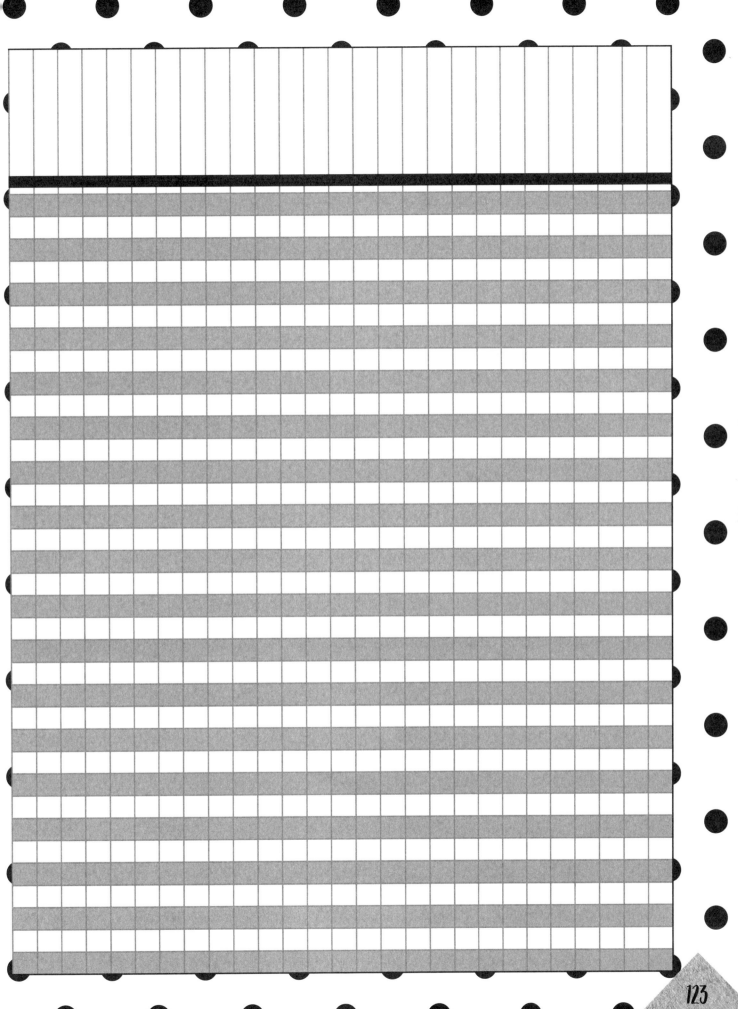

Student
CHECKLIST

name

FOLD OR CUT ALONG THIS LINE

124

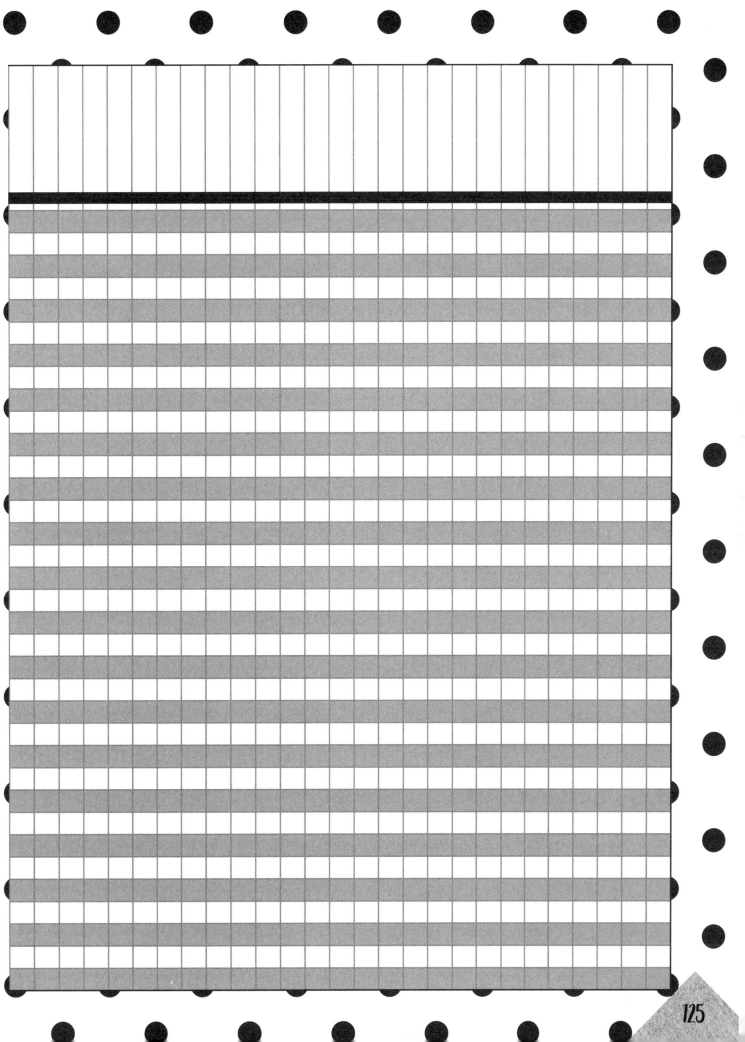

Student
CHECKLIST

name

FOLD OR CUT ALONG THIS LINE

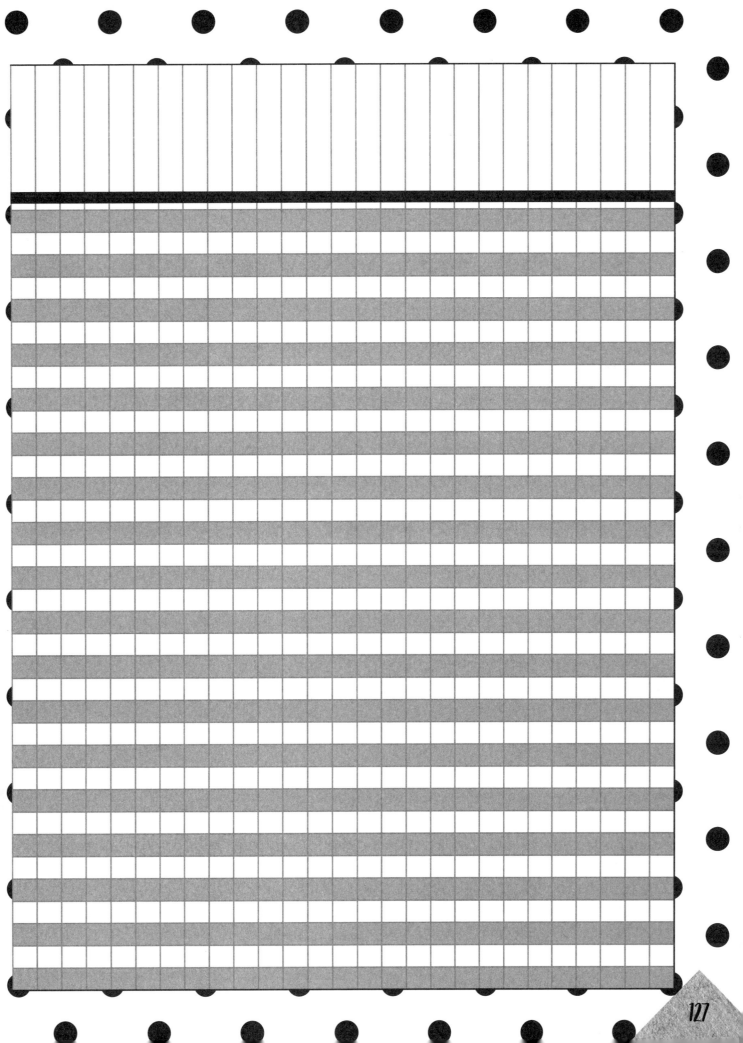

Be your
own kind
of beautiful

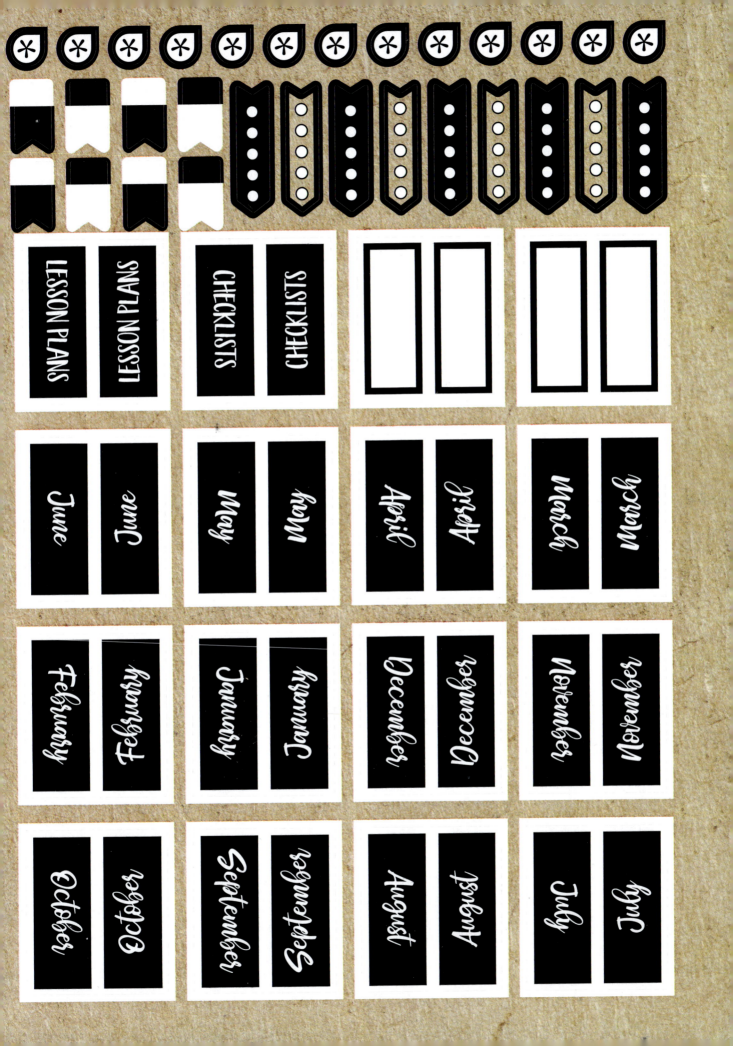

LESSON PLANS
LESSON PLANS

CHECKLISTS
CHECKLISTS

June
June

May
May

April
April

March
March

February
February

January
January

December
December

November
November

October
October

September
September

August
August

July
July